In der Reisemaus-Serie bereits erschienen:
Die Reisemaus in Italien
Die Reisemaus in Spanien
Die Reisemaus in Dänemark

Die Abenteuer der Reisemaus sind auch als CDs/MCs
bei Universal Family Entertainment erhältlich.
Die Reisemaus im Internet: www.reisemaus.com

Die Deutsche Bibliothek – CIP-Einheitsaufnahme
Ein Titeldatensatz für diese Publikation
ist bei Der Deutschen Bibliothek erhältlich

Lenz, Angela:
Die Reisemaus in Großbritannien
ISBN 3 522 43397 1

Übersetzung: Eleanor Köhlmoos
Einbandtypografie: Michael Kimmerle
Innentypografie: Bettina Wahl
Schrift: Garamond Condensed, Kosmik
Reproduktion: Photolitho AG in Gossau/Zürich
Druck und Bindung: J.P. Himmer in Augsburg

5 4 3 2 1* 02 03 04 05

Thienemann im Internet: www.thienemann.de

ANGELA LENZ

Die Reisemaus in Großbritannien

Ein Reiseführer für Kinder

THIENEMANN

Eine Maus hat sich verirrt

Beim Golfspielen ist Lord Frederic wohl ein wenig vom Weg abgekommen und bei der Reisemaus und ihren Freunden gelandet. Der Lord stammt aus Großbritannien und lädt die Reisemaus zu sich nach Hause ein. Nur noch schnell zu Ende spielen und dann geht's los nach Großbritannien!

Welcome to Great Britain!

»Willkommen in Großbritannien!«
Zu dieser großen Insel gehören England, Schottland, Wales und Nordirland. In Großbritannien fahren alle Autos auf der linken Straßenseite – auch die roten Doppeldeckerbusse.

Norweger
Atlantik
Loch Ness
Aberdeen
Schottland
Nordsee
Nordirland
Glasgow
Edinburgh
Belfast
Irische See
Dublin
dirland
Liverpool
Wales
Birmingham
England
London
Plymouth
Dover
Niederlande
Deutschland
Calais
Belgien
Frankreich

Wo wohnt die Queen?

Die Hauptstadt von England heißt London. Dort lebt auch die Queen, die Königin. Sie wohnt im Buckingham-Palast. Lord Frederic und die Reisemaus hören das Läuten des Big Ben: 16 Uhr – Teatime!

EIIR

Der Tower von London

Früher war der Tower ein schreckliches Gefängnis. Heute werden hier die kostbaren Kronjuwelen aufbewahrt. Die Wächter heißen »Beefeater« – »Fleischesser«. Sie mussten früher das königliche Essen vorkosten, heute passen sie auf die Juwelen auf.

»I'm so hungry!«

»Ich hab Hunger!«, sagt die Reisemaus. Der Lord lädt sie in einen Pub, ein Gasthaus, ein. Die Reisemaus probiert Shepherd's Pie. Das ist Hackfleisch mit Kartoffelpüree überbacken. Lecker! Nach dem Essen wird Dart gespielt, ein Wurfspiel mit Pfeilen. Oje, das muss die Reisemaus aber noch üben!

Delicious!
Lecker!
Look, this is Kidney Pie.
Das sind Nieren in Blätterteig.
Let me have a taste.
Darf ich mal probieren?

»Great Britain is so beautiful – Großbritannien ist schön!«

Nachdem die beiden sich gestärkt haben, erzählt Lord Frederic der Reisemaus von seinem Land.

»Unsere Königin heißt Queen Elizabeth die Zweite.«

»Unsere Polizisten nennen wir Bobbi

»Wir lieben Sport: ob Fußball, Rugby, Rudern, Golf, Cricket oder Reiten …«

n Schottland tragen die Männer karierte Röcke.«

»Es gibt hier sehr viele Burgen und Schlösser. In manchen soll es spuken.«

Ein magischer Steinkreis

Stonehenge steckt voller Geheimnisse. Hier gibt es riesige Felsblöcke, die über 5000 Jahre alt sind. Bis heute weiß niemand so genau, weshalb sie errichtet wurden ... Ist der Steinkreis ein Kalender? Oder war hier der Zauberer Merlin am Werk?

30p EACH

Punch and Judy

So heißt das Kasperletheater am Strand. Nach der Vorführung hüpft die Reisemaus erst mal ins Meer. Dann gibt's »tea and sandwiches« für eine hungrige Reisemaus.

Ist ja ungeheuerlich!

In Schottland gibt es einen tiefen See, er heißt Loch Ness. Darin soll das Ungeheuer Nessie wohnen. Lord Frederic und die Reisemaus würden es sooo gerne sehen! Was es wohl gerade macht?

Die Highland Games

So wird in Schottland getanzt und gefeiert: Tauziehen, Baumstamm-Weitwurf und Dudelsackmusik! Wie schade, dass die Reisemaus nun schon wieder nach Hause muss! Es war so schön hier!

Guckt mal, wie stark ich bin!

Zu Hause spielen die Reisemaus und ihre Freunde Highland Games – allerdings übt die Reisemaus Weitwerfen lieber erst mal mit einem Streichholz. Danach kuschelt sie sich wieder in ihr eigenes Bett und träumt schon von den nächsten Abenteuern.

So sagt man das auf Englisch

Zahlen

eins	one
zwei	two
drei	three
vier	four
fünf	five
sechs	six
sieben	seven
acht	eight
neun	nine
zehn	ten

Essen und Trinken

Ich habe Hunger.	I am hungry.
Ich habe Durst.	I am thirsty.
Ich bin satt.	I am full.
Das schmeckt toll.	This is delicious.
Das schmeckt mir nicht!	I don't like it!

Wo?

Wo ist der Strand?	Where is the beach?
Wo ist hier der Spielplatz?	Where can I find the playground?
Wo gibt es Eis?	Where can I buy some icecream?
Wo ist das Klo?	Where is the toilet?
Wo ist meine Mama?	Where is my mum?
Wo ist mein Papa?	Where is my dad?

Freunde finden

Hallo!	Hello!
Auf Wiedersehen!	Bye-bye!
Wie heißt du?	What's your name?
Ich heiße …	My name is …
Sprichst du Deutsch?	Do you speak German?
Ich verstehe nicht.	I don't understand.
Wollen wir zusammen spielen?	Would you like to play with me?

Hilfe!

Kannst du mir helfen?	Can you help me, please?
Ich habe mich verlaufen.	I am lost.
rechts	right
links	left
geradeaus	straight ahead
Ich brauche einen Arzt.	I need a doctor.
Es tut hier weh.	It hurts here.
Mir ist schlecht.	I feel sick.